O gato perdido

Mary Gaitskill

O gato perdido

Uma memória

tradução
Izalco Sardenberg

todavia

No ano passado, perdi meu gato. Gattino era muito novo, apenas um adolescente de sete meses. Provavelmente está morto, mas não tenho certeza. Durante as duas primeiras semanas após o desaparecimento, as pessoas diziam que tinham visto meu gato; confiei somente em duas, pois Gattino era cego de um olho e ambas contaram que, ao surpreender um gato com o farol de seu carro, apenas um olho tinha refletido a luz. Um homem que disse ter visto meu gato à cata de comida numa lata de lixo descreveu um gatinho "muito magro", que "parecia aquela cria magricela da ninhada". A descrição patética doeu em meu coração. Mas percebi, além das palavras, que havia algo a mais no tom vibrante e rude da voz desse homem, algo que produziu imediatamente um novo e comovente retrato do gato: o dorso arqueado, o rosto com medo porém radiante, soberbo e alerta antes de dar um pulo e fugir, a cauda desafiadora, elástica e sinuosa. Assustado, mas a postos; flagrado por um macho enorme, é assim que ele deveria estar se sentindo. Mesmo enfraquecido pela fome. Tinha coragem, esse gato.

Gattino sumiu dois meses e meio depois que nos mudamos. Nossa casa nova fica nos arredores do campus de uma universidade, perto de uma reserva natural. Há áreas verdes em todas as direções, e muitas casas com anexos decrépitos solidamente plantadas na semiescuridão, por trás da folhagem espessa das árvores. Uma vez fiquei várias horas perambulando pelo lugar e chamando o Gattino. Espalhei comida e armadilhas. Afixei centenas de folhetos. Andei por lá batendo nas portas e perguntando a cada morador se podia dar uma olhada no alpendre ou debaixo da varanda da casa. Entrei em contato com todos os veterinários da região. A cada dois ou três dias alguém telefonava e dizia que tinha visto um gato num estacionamento ou atrás de seu dormitório no campus. Eu ia lá verificar e algumas vezes avistava um macho adulto se embrenhando na mata ou debaixo de um carro estacionado.

Duas semanas depois não havia mais ninguém dizendo que tinha visto o gato. Capturei três gatos selvagens nas armadilhas e soltei todos eles. Começou a nevar. Eu ainda procurava. Algumas vezes vi pequenas pegadas de gato na neve; vi também marcas deixadas por linces e coiotes perto de depósitos cheios de lixo. Quando a temperatura caiu abaixo de zero, a chuva ficou gelada. Eu seguia procurando. Um ano depois ainda não tinha parado.

Seis meses depois que o Gattino desapareceu, eu e meu marido jantávamos num restaurante com algumas pessoas que tínhamos conhecido havia pouco tempo, inclusive um escritor e intelectual que a gente admirava. Ele estava interessado em comprar a casa onde morávamos e queria saber se gostávamos dela. Respondi que era legal, mas que fora prejudicada pela perda do gato. Contei a história e ele disse: "Oh, esse foi o seu trauma, não?".

Respondi que sim. Sim, foi um trauma.

Dava para dizer que esse escritor era indelicado. Que eu era uma idiota. Que ele era irritante. E dava para dizer que eu era uma pessoa fraca.

Poucas semanas antes, eu tinha trocado e-mails com minha irmã Martha, cujo assunto era trauma — ou antes, tragédia. Nossa outra irmã, Jane, tinha acabado de decidir que não iria autorizar o sacrifício de seu gato que estava morrendo, pois suas filhas não aguentariam a perda; e achava que ela mesma não aguentaria. Jane sofre de dores crônicas tão intensas que às vezes não se movimenta normalmente. Ela vive sob um pesado estresse financeiro e frequentemente precisa cuidar de sua sogra e dos filhos de sua cunhada, que morreu de câncer. Mas foi o fato de seu gato estar morrendo que a fez chorar, e com tamanha intensidade que as filhas ficaram assustadas. "Isso é estranho", disse Martha. "Não ajuda em nada manter esse gato vivo; isso apenas prolonga o sofrimento dele. É egoísta."

Martha também tem muitas dores, principalmente por causa do diabetes e da fibromialgia. Seus pés doem de tal forma que ela não aguenta andar por mais de cinco minutos. Ela acaba de perder o emprego e está entrando com um pedido de pensão por invalidez, mas pode não dar certo porque é quase impossível de conseguir, e mesmo que consiga não bastará para as despesas — portanto teremos que ajudá-la. Já tivemos que contribuir antes porque as prestações de seu seguro-saúde são tão altas que o seguro-desemprego não basta para cobri-las. Ela também sofre com isso, pois não quer ser aquela pessoa que todo mundo precisa socorrer. Por isso, tenta nos ajudar. Ela teve gatos durante muitos anos e por esse motivo conhece bastante esses animais; queria ajudar Jane oferecendo conselhos, e me mandou vários e-mails indagando qual seria a melhor forma de fazer isso. Finalmente, encaminhou para mim a mensagem que tinha enviado a Jane, na qual exortava a irmã a autorizar a eutanásia no gato doente. Sem nenhuma resposta, Martha me enviou outras mensagens, aflita por não saber se a irmã estava ou não magoada com ela, e se perguntando qual seria a decisão de Jane sobre o gato. Martha disse: "Meu medo é que isso se transforme numa tragédia, que poderia ser evitada".

Impaciente a essa altura, respondi que ela devia confiar que Jane tomaria a decisão certa. "Isso é triste, não trágico", eu disse. "Tragédia é milhares de pessoas morrendo lentamente por causa das guerras e das doenças, dos ferimentos e da desnutrição. Tragédia é o furacão Katrina; é a guerra no Iraque; é o terremoto na China. Não é a morte de uma criatura porque está velha."

Depois de enviar o e-mail, pesquisei o significado de *trágico*. De acordo com o dicionário Webster's College, eu estava errada; a segunda definição da palavra é "extremamente triste, melancólico ou patético". Escrevi a Martha e admiti que estava errada, ao menos tecnicamente. Acrescentei que ainda achava que ela estava sendo histérica. Ela não respondeu. Talvez tivesse razão em não responder.

Achei Gattino na Itália. Eu estava na Toscana, num local conhecido como Santa Maddalena, dirigido por uma mulher de nome Beatrice von Rezzori, que, em honra ao marido falecido, um escritor, transformara sua propriedade num pequeno retiro para escritores. Quando Beatrice soube que eu amava gatos, contou que tomando uma estrada que saía do retiro havia um lugar onde duas idosas alimentavam vários gatos semisselvagens, inclusive uma ninhada de gatinhos muito doentes e que estavam ficando cegos. Talvez eu pudesse ajudar, ela disse. Respondi que não, que não estava na Itália para isso e que, de qualquer modo, já tendo feito isso antes, sabia que não é fácil prender e domar um gato selvagem.

Na semana seguinte, uma das assistentes de Beatrice, que me levava de carro à vila, perguntou se eu não queria ver alguns gatos. É claro, respondi, sem perceber a conexão. Paramos numa velha casa de fazenda. Sentada numa cadeira de rodas, uma mulher mal-humorada, encurvada e coberta por toalhas e uma colcha pequena, saudou a assistente sem olhar para mim. Gatos esquálidos, com pernas compridas e quadril estreito parecido com o de um mangusto, andavam ou descansavam num pátio coberto e cheio de insetos. Dois dos gatos, os olhos colados pela remela e os traseiros cobertos de moscas, estavam obviamente doentes. Mas um terceiro, menor e com os ossos mais à mostra do que os outros, cambaleou em minha direção com um miado débil e os olhos quase grudados. Era malhado — cinza suave com listras pretas fortes. Tinha uma mandíbula comprida e um nariz grande, cujo formato lembrava uma borracha fincada na ponta de um lápis. A cabeça com nariz grande dava a ele a aparência de um duende de corpo macilento e barriguinha saliente, e com pernas compridas quase grotescas. Seu ânus parecia desproporcionalmente grande no traseiro magro. Atordoado, ele me deixou acariciar o dorso ossudo e hesitantemente levantou sua cauda deplorável. Perguntei à assistente se podia me ajudar a levar os gatos a um veterinário e ela concordou; não há dúvida de que essa era a ideia da visita desde o começo.

Os gatos mais saudáveis fugiram quando nos aproximamos e se esconderam num celeiro que estava ruindo; conseguimos pegar apenas o malhado. Quando o colocamos numa caixa, ele abriu os olhos com grande esforço e nos encarou, bufou, tentou arquear o dorso e desabou. Mas deixou os veterinários cuidarem dele. Quando foi inclinado para a frente e teve a cauda levantada para verificação do sexo, ele exibia um olhar delicado e quase humano, de uma dignidade confusa refletida em seu olho funcional, enquanto o focinho pronunciado indicava uma animalidade estoica. Era um rosto engraçado e comovente.

Os veterinários ficaram três dias com o gato. Quando fui buscá-lo, disseram que precisaria de semanas de cuidados, o que incluía uma pomada para os olhos e remédios em gotas para as orelhas e o nariz. Beatrice sugeriu que o levasse para os Estados Unidos. "Não", respondi, "não é possível." Meu marido viria me encontrar em um mês e juntos viajaríamos por duas semanas; não dava para levar o gato conosco. Eu tomaria conta dele e quando fosse viajar ele deveria estar forte o suficiente para voltar ao pátio e ter uma chance de lutar pela sobrevivência.

Por isso o batizei de Chance. Eu gostava de Chance do jeito que gosto de todos os gatos, ele gostava de mim porque eu o alimentava. Chance me olhava com neutralidade, como se eu fosse apenas mais uma criatura deste mundo, embora útil. Eu tinha que tratá-lo com vermífugos, remover as pulgas e lavar sua cauda incrustada de fezes. Ele se contorcia quando eu pingava remédio em seus olhos e orelhas, mas nunca tentava me arranhar — imagino que não tentasse por não saber como eu reagiria. Tolerava meus cafunés, mas parecia reagir como se fosse uma sensação nova, e não um prazer.

Então um dia ele me olhou de um jeito diferente. Não sei exatamente quando aconteceu — posso não ter percebido a primeira vez, mas começou a levantar a cabeça quando eu entrava no quarto e a olhar atentamente para mim. Não posso dizer ao certo o que esse olhar significava; não sei como os animais pensam ou sentem. Mas parecia um olhar amoroso. Ele me seguia pelo apartamento. Sentava-se em meu colo quando eu trabalhava na escrivaninha. Subia em minha cama e dormia comigo; e para relaxar mordiscava suavemente meus dedos. Quando acariciado, seu corpo parecia se expandir em minha mão. Se meu rosto estivesse próximo, ele estendia a pata e tocava minha bochecha.

Algumas vezes eu passeava pelas estradas poeirentas em torno de Santa Maddalena e pensava em meu pai, conversava com ele em minha cabeça. Meu pai tinha desembarcado na Itália durante a Segunda Guerra Mundial; fazia parte da invasão de Anzio. Depois da guerra, voltou à Itália como turista e junto com minha mãe esteve em Nápoles e Roma. Há uma foto em que está de terno e boina, diante de um muro antigo; ele parece elegante, formidável, mas ao mesmo tempo hesitante, quase tímido. Nas caminhadas eu levava comigo uma bola de gude grande e bonita que pertencera a ele; de vez em quando eu a tirava do bolso e colocava contra o sol, como se pudesse me conduzir em direção à alma de meu pai.

Ele morreu por causa de um câncer doloroso e lento, recusando qualquer tipo de tratamento enquanto fosse capaz de se fazer entender, dizendo, ofegante, "nada de médicos, nada de médicos". Minha mãe tinha deixado meu pai havia muitos anos; eu e minhas irmãs cuidávamos dele, mas de forma inadequada e tardia — ele estava doente havia meses e já estava sem conseguir comer direito fazia muitas semanas antes de que nos déssemos conta do seu estado. Durante esse período, pensei em telefonar para ele; se tivesse telefonado, teria descoberto no mesmo instante que ele estava morrendo. Mas não telefonei. Ele era difícil e nenhuma das filhas ligava para ele com frequência.

Meu marido não gostou do nome Chance e eu também não tinha certeza de que gostava; ele sugeriu McDestino e assim resolvi experimentar. McDestino ficou mais forte, cresceu e assumiu uma certa postura despreocupada com seu único olho, além de uma atitude atrevida com suas orelhas viradas para a frente e a posição de seu pescoço, que denotava coragem num corpo frágil. Ele ganhou peso e suas pernas longas, além da cauda, tornaram-se *soignées*, ou bem cuidadas, e não mais grotescas. A marca no formato de colar em torno de sua garganta era forte; quando se deitava com o dorso no chão para ser acariciado, sua barriga se mostrava bege e manchada como a de uma jaguatirica. De um jeito confiante, parecia um pequeno gângster com um traje típico. Pensativo, era ainda delicado; seu coração parecia mais próximo da superfície do corpo do que o normal, e batia bem depressa quando estava perto de mim; McDestino era um nome muito grande e cruel para uma criaturinha de coração ligeiro. *"Mio gattino"*, murmurei, numa língua que não falo e me dirigindo a uma criatura que não entende as palavras. *"Mio dolce piccolo gatto."*

Uma noite, quando ele ronronava deitado de costas em meu colo, vi alguma coisa correndo no chão; era uma pequena bola de gude azul-celeste que estava debaixo da cômoda e rolou para o meio do quarto. Era linda, brilhante; para mim, uma força invisível tinha movimentado a bolinha. Parecia um sinal mágico e misericordioso, como a presença desse gatinho amoroso. Coloquei a bolinha no parapeito da janela, perto da bola de gude de meu pai.

Falei com meu marido sobre a possibilidade de levar Gattino para nossa casa. Disse que tinha me apaixonado pelo gato e que temia que a exposição ao amor humano tivesse despertado nele uma necessidade que não era natural; e que se ficasse na Itália, sofreria a falta de atenção humana, algo que Gattino nunca teria conhecido se eu não tivesse visitado aquele pátio. Meu marido disse "Oh, não, Mary...", mas num tom bem-humorado.

Eu entenderia se ele tivesse dito essa frase num tom mais duro. Muitas pessoas vão achar que meus sentimentos são neuróticos, que são a projeção de minhas carências num animal. Muitas achariam quase ofensivo eu desperdiçar tanto amor com um gato, quando não soube amar, segundo alguns critérios, meus semelhantes — por exemplo, crianças órfãs que sofrem diariamente, nenhuma das quais adotei. Mas amei muita gente; amei crianças. Aparentemente, o que acontece na minha relação com as crianças que escolhi amar é uma versão do que eu tinha medo que acontecesse com o gatinho. O amor humano é terrivelmente falho, e mesmo quando não é, as pessoas geralmente o interpretam mal; também rejeitam, usam e manipulam o amor. É difícil proteger do sofrimento alguém que amamos porque as pessoas frequentemente escolhem sofrer; *eu* sou alguém que amiúde escolhe o sofrimento. Um animal nunca escolhe o sofrimento; um animal aceita o amor até mais facilmente do que os jovens. E assim eu imaginava que seria possível acolher um gatinho com amor.

Tomei providências junto ao veterinário para conseguir um passaporte para o gato. Gattino suportou o implante de um microchip de identificação em seu ombro magrinho. Beatrice me disse que não podia manter o gato em sua casa durante as duas semanas em que eu e Peter viajaríamos, por isso combinei a hospedagem temporária dele com o veterinário.

Peter chegou. O gato olhou para ele e se escondeu debaixo da cômoda. Peter se abaixou e conversou delicadamente com ele. Então nos deitamos na cama e nos abraçamos. Num átimo, Gattino entendeu a nova situação: o macho tinha chegado. Gattino foi amigável. Agora todos nós podíamos ficar juntos. Gattino subiu na cama, sentou-se no peito de Peter e ronronou estrondosamente. E ali ficou a noite inteira.

No dia seguinte, levamos o gato ao veterinário. O local não era tranquilo, ao contrário dos alojamentos exclusivos para gatos em hospitais sofisticados para animais dos Estados Unidos. Era uma área comum que recendia a desinfetante e medo. O veterinário colocou Gattino numa gaiola perto de um cão enorme e enraivecido, que latia, rosnava e arremetia contra a porta de sua jaula. Gattino olhou para mim e começou a chorar de medo. Chorei também. O cão estava enfurecido. Havia uma pequena cama na gaiola de Gattino, ele se escondeu atrás dela e então, desafiadoramente, levantou a cabeça para enfrentar o rosnado gigante; foi quando vi pela primeira vez aquela expressão aterrorizada, mas ao mesmo tempo alerta, aquela disposição para enfrentar o que fosse, independentemente do tamanho e da ferocidade.

Eu chorava de um jeito absurdo quando deixamos o local. Mas não chorava exclusivamente pelo gatinho, não mais do que minha irmã Jane chorava ante a possibilidade de submeter seu velho gato à eutanásia. Naquele momento não entendi, mas chorava, entre outras coisas, por causa das crianças que uma vez imaginei que me pertenciam.

Caesar e sua irmã Natalia têm agora doze e dezesseis anos, respectivamente. Quando os conhecemos, tinham seis e dez. Primeiro o menino. Foi através da Fresh Air Fund (FAF), uma organização que seleciona crianças de áreas urbanas carentes (quase todas hispânicas ou negras) para passar temporadas com famílias (quase todas brancas) que moram no interior. A entidade tem uma aura edificante e de esperança, mas seu projeto é difícil e, francamente, exala sofrimento. Além de Caesar, hospedamos um outro menino de sete anos, Ezekial. Imagine que você tem seis ou sete anos e é levado a um grande terminal rodoviário, colocado num ônibus com dúzias de outras crianças, todas com os nomes impressos em crachás enormes pendurados no pescoço, e desembarcado após três horas de viagem num lugar completamente estranho, onde será apresentado a pessoas que você nunca viu e com quem viverá por duas semanas. Acrescente o fato de que esses desconhecidos, mesmo que não sejam ricos, estão materialmente melhores do que você, são muito mais altos e, já que está hospedado na casa desses estranhos, você deve obediência a eles. Acrescente, ainda, o fato de serem brancos como um lençol. E entenda que mesmo crianças "de cor" muito pequenas já foram reiteradamente ensinadas que os brancos são o inimigo. Pergunta: quem em nome de Deus pensou que essa era uma boa ideia?

Eu e Peter estávamos cientes da questão da diferença de raça e de classe, mas acreditamos que poderíamos superar isso. Fantasiei que iria preparar refeições, mimar, ler histórias e aconchegar as crianças. Peter fantasiou a prática de esportes no gramado e passeios de bicicleta. Pode-se dizer que fomos idealistas. Pode-se dizer que fomos idiotas. Não sei o que fomos.

Deveríamos receber apenas uma criança, e essa era Ezekial. Ficamos com Caesar porque uma representante da organização nos telefonou do ônibus, já na estrada e cheio de crianças, perguntando se poderíamos ficar com mais um garoto, uma vez que seus anfitriões originais tinham desistido no último minuto por causa de uma morte na família. Aceitamos porque estávamos preocupados com a necessidade de entreter uma criança sem nenhum coleguinha disponível; obriguei a representante a prometer que, se a coisa não funcionasse, ela encontraria outra solução. É claro que não deu certo. É claro que não havia outra solução. As duas crianças se detestaram ou, mais precisamente, Ezekial detestou Caesar. Caesar era mais jovem e vulnerável em todos os sentidos; menos confiante, verbalizava menos e não exibia nenhuma habilidade atlética. Ezekial era ágil, com membros musculosos e uma simetria facial implacável, que algumas vezes dava a seu rosto naturalmente expressivo um aspecto frio, como uma máscara. Caesar era grande e gordinho, olhos profundos e traços suaves, tão generosos que pareciam quase borrados nos lados. Ezekial era um valentão esperto, impiedoso nas provocações, e Caesar só conseguia reagir gritando um mal pronunciado "Vai se ferrar!".

"Vocês não precisam gostar um do outro, mas têm que se entender", eu disse. "No fundo, não é isso que vocês querem?"

"Não!", gritaram.

"Ele é feio!", acusou Ezekial.

"Ah, corta essa, Ezekial", eu disse. "Todos nós somos feios, o.k.?"

"Sim!", disse Caesar, adorando a ideia. "Todos nós somos feios."

"Não", respondeu Ezekial, e com malícia escorrendo de sua voz, "*você* é feio."

"Tentem de novo", interrompi. "Podemos nos entender?"

"O.k.", disse Caesar. "Vou me entender com você, Ezekial." Era possível ouvir a natureza gentil e generosa daquela voz. Dava para perceber isso até quando ele disse "Vai se ferrar!". A gentileza às vezes se expressa com a violência da dor ou do medo, e por isso parece uma agressão. E a crueldade às vezes exibe um sorriso muito charmoso.

"Não", disse Ezekial, sorrindo. "Eu odeio você." Caesar baixou os olhos.

Ficamos uma semana em Florença. Era linda, mas tinha muita gente e fazia calor, e eu estava triste e confusa demais para me divertir. Quase todo dia eu importunava o veterinário pelo telefone pedindo notícias de Gattino. "Ele está bem", fui informada. "Aquele cão não está mais lá. Seu gato está brincando." Eu não me acalmava. Tive até um pesadelo no qual enfiava meu gatinho num forno quentíssimo e observava o coitado, que tentava desesperadamente se proteger e virava uma bola; eu chorava vendo aquilo, mas não podia voltar atrás.

Peter preferia o esperto e atlético Ezekial, e Caesar sabia disso. Eu preferia o Caesar, mas nosso compromisso original era com Ezekial e com sua mãe, com quem tínhamos falado ao telefone. Assim, liguei para a representante da FAF e perguntei se não podia arranjar outra família para hospedar Caesar. "Ah, que ótimo", ela respondeu, impaciente. Mas acabou vindo com uma solução que parecia boa: uma mulher solteira, ex-professora e já experiente em receber crianças; nesse momento, ela hospedava um menino que, segundo a mulher da FAF, era responsável e bondoso, e não um valentão. "Mas não conte que ele irá para outro lugar", ela disse. "Vou apenas pegar o menino aí na sua casa e dizer que estamos indo a uma festa com pizza. Você pode entregar as coisas dele mais tarde."

Eu disse "O.k.", mas a ideia não me pareceu correta. Assim, levei Caesar a um parque para lhe explicar. Ou melhor, tentar. "Você não gosta de Ezekial, não é?", perguntei. "Não, odeio ele." Perguntei então se ele gostaria de ficar em outra casa e com outro menino que seria legal com ele, e onde havia uma piscina e... "Não", disse Caesar. "Quero ficar com você e Peter." Não pude acreditar, não tinha me dado conta de como ele se tornara ligado ou acostumado com a gente. Caesar foi inflexível. Conversamos três vezes sobre o assunto e em nenhuma delas tive coragem de contar que ele não tinha escolha. Empurrei Caesar no balanço e ele chorou, "Mary! Mary! Mary!". Levei-o para dentro e disse a Peter que eu não tinha conseguido.

Peter pediu a Ezekial que fosse para outro quarto, sentamos ao lado de Caesar e dissemos que ele ia embora. "Não", respondeu. "Manda o outro menino." Ezekial entrou no quarto. "Manda ele embora!", gritou Caesar. "Hahaha", reagiu Ezekial, "você vai embora!" A mulher da FAF chegou. Contei o que estava acontecendo. "Pode deixar que cuido disso", ela disse. E cuidou: "O.k., Caesar, é o seguinte... Você deveria ficar com outra família, mas então alguém dessa casa *morreu* e você não podia mais ir para lá".

"Alguém *morreu*?", perguntou Caesar.

"Sim, e Peter e Mary foram muito *legais* deixando você vir ficar um pouco com eles, e agora chegou a hora de..."

"Eu quero ficar aqui!", Cacsar gritou, e agarrou-se ao colchão.

"Caesar", continuou a mulher. "Falei com a sua mãe. *Ela* quer que você vá."

Caesar levantou o rosto e olhou para ela de modo inquisidor. "A senhora", disse calmamente, "é uma mentirosa." Era mesmo. Tenho certeza. Era quase impossível ligar para a mãe de Caesar e ela não falava inglês.

Provavelmente por isso a mulher da FAF gritou, gritou de verdade: "Como você se atreve a me chamar de mentirosa? Nunca chame um adulto de mentiroso!".

Caesar soluçou, arrastou-se pela cama e agarrou a ponta do colchão; me arrastei atrás dele e tentei abraçá-lo. "Você também é mentirosa, Mary!", ele berrou — e fiquei envergonhada.

A representante da FAF fez então uma oferta altruísta e evidentemente falsa: "Caesar, se você quiser pode ficar comigo e minha família. Temos uma grande fazenda, cachorros e...".

Ele gritou: "Nunca vou ficar com a senhora. A senhora é grosseira. A sua família inteirinha é grosseira".

Sorri de pura admiração pelo menino.

A mulher berrou, "Ah, eu sou grosseira, eu sou!". E puxou o menino pela escada, que seguia gritando: "Eles sempre me mandam embora!".

Então Ezekial fez algo extraordinário. Atirou-se na frente da escada segurando o corrimão com as duas mãos para bloquear a saída. Ele começou a sussurrar alguma coisa para Caesar e me inclinei para ouvir, pensando, se este menino estiver tentando confortar Caesar, vou acabar com isso agora. No entanto, mesmo que a expressão corporal de Ezekial dissesse claramente, *por favor, não faça isso*, sua boca murmurava maldosamente: "Hahaha! Você vai embora! Hahaha!".

Recuei e disse para Caesar que isso não era culpa dele. "Então manda embora o outro menino!", gritou. Peter arrancou Ezekial do corrimão e Caesar foi levado para fora. Saí e observei Peter colocando o pequeno menino, que soluçava, no SUV gigante da mulher. Pelas minhas costas, Ezekial dançava atrás da porta de tela, me provocando incoerentemente, pois também soluçava, sem fôlego, de raiva e remorso.

Se a gentileza pode ser bruta, a crueldade pode às vezes ser tão intimamente ferida pela sensibilidade e pela gentileza que fica difícil distinguir uma da outra. Animais não são capazes disso. É por isso que é tão fácil amar um animal. Ezekial amava os animais; nunca era cruel com eles. Toda vez que entrava na casa saudava cada um de nossos gatos com um toque especial. Mesmo Tina, a mais tímida, gostava de Ezekial e deixava que ele a tocasse. Caesar, por outro lado, era rude e desrespeitoso — e ainda assim queria que os gatos gostassem dele. Uma das razões pelas quais os dois brigavam era saber de quem o gato de Peter, Bitey, gostava mais.

No terceiro dia em Florença, telefonei para Martha — a irmã que mais tarde eu recriminaria por ter sido histérica a respeito de um gato — e pedi ajuda. Ela disse que iria se comunicar psiquicamente com Gattino. Acrescentou que eu também devia fazer isso. "Ele precisa se sentir seguro", disse. "Você tem que dizer a ele todos os dias que vai voltar."

Sei como isso parece insensato. Sei como isso é insensato. Mas era preciso me sujeitar a alguma coisa com amor. Precisava me sujeitar, ainda que nada físico estivesse presente. Precisava me sujeitar, mesmo que só alcançasse a escuridão e a tristeza. E assim fiz. Pedi a Peter para me acompanhar. Fomos às igrejas, nos ajoelhamos e rezamos pelo Gattino. Não estávamos sozinhos; os bancos sempre tinham muita gente — velhos, jovens, ricos e pobres, de várias nacionalidades, todo mundo em busca de algo, mesmo que ali nada existisse fisicamente. "Por favor, confortem meu gato, ajudem, por favor", pedi. "Ele é apenas uma coisa pequenina." Porque foi isso que me comoveu: não a grande ideia da tragédia, mas a pequenez e a ternura daquela criatura alegre e radiante. Da Santissima Annunziata à Santa Croce e à Santa Maria Novella, em todas essas igrejas enviamos mensagens para o gato e pelo gato.

Entrei em casa para tentar confortar Ezekial, que chorava aos soluços porque achava que sua mãe não o amava. Eu disse que isso não era verdade, que a mãe dele o amava e que dava para sentir isso na voz dela — eu estava falando a sério; eu *tinha* ouvido isso. "Não, não, ela me odeia", ele insistiu. "É por isso que me mandou para cá." Respondi que ele era adorável, e embora me sentindo desamparada falava a sério outra vez. Ezekial era um menininho numa situação difícil, na qual não queria estar envolvido e que só conseguia suportar na medida em que manipulava e tentava machucar as pessoas a seu redor. Era também um menino acostumado a ser tratado com dureza, e meu empenho em tratá-lo com afeto fazia de mim, a seus olhos, uma otária. Bastou eu dizer "adorável" para que ele parasse de chorar no ato, e tentasse arrancar algumas coisas de mim — a maioria das quais lhe entreguei equivocadamente.

Caesar também estava acostumado ao tratamento duro — mas ainda procurava ser tratado com bondade. Quando fui visitá-lo em sua nova casa, imaginei que estaria bravo comigo. Ele estava na piscina e assim que me viu começou a espirrar água em minha direção, gritando meu nome. Eu tinha comprado um colete salva-vidas para que Caesar brincasse na piscina com segurança, e ele ficou entusiasmado com o presente; a seus olhos, o tratamento afetuoso não me transformava numa otária. Isso porque ele tinha um coração muito grande.

Mas, de qualquer modo, Caesar acabou expulso dessa casa. Aparentemente chamou a mulher da FAF de vadia e ameaçou cortá-la. Eu podia entender por que ela não tinha gostado disso. E compreendia também por que Caesar precisava projetar sua raiva em alguém, já que não podia projetar em mim.

Ezekial estava comigo quando recebi por telefone a notícia de que Caesar fora despachado de volta para sua casa. A mulher da FAF disse que Caesar tinha perguntado se voltaria para sua "casa verdadeira, isto é, a casa de Peter e Mary". Devo ter ficado muito mal quando desliguei o telefone, porque Ezekial perguntou: "O que está acontecendo?". Contei que Caesar tinha sido mandado para casa e que me sentia triste de verdade. "Ah", foi sua reação. Houve um momento de conexão entre nós, o que significava que ele tinha que fazer uma violenta malcriação uma hora depois para compensar — um momento que dificilmente poderia ter feito bem a ele.

Depois que Ezekial saiu, escrevi uma carta para a mãe de Caesar. Disse que seu filho era um bom menino e que não era culpa dele ter sido mandado de volta para casa. Pedi que alguém traduzisse para o espanhol, copiei o texto num cartão e o enviei com algumas fotos que tinha tirado de Caesar nadando. Voltou com a informação: "Mudou, endereço desconhecido". Peter disse que eu deveria aproveitar a deixa e parar de tentar entrar em contato. Outras pessoas concordavam com Peter. Elas achavam que eu estava agindo assim por me sentir culpada, e estava mesmo. Mas havia também outra coisa. Eu sentia falta do menino. Sentia saudades de seus olhos profundos, de sua falta de jeito, de sua generosidade e de sua doçura. Telefonei à Fresh Air Fund. A primeira pessoa com quem falei não iria dar qualquer informação. A próxima deu um endereço na East New York e deu ainda um número de telefone. Mandei a carta de novo. Rezei do mesmo jeito que fiz mais tarde por Gattino: "Poupe esse menino. Dê conforto a ele. Tenha piedade dessa pequena pessoa". E Caesar me ouviu — de verdade. Quando telefonei para aquele número, quase dois meses depois que o mandaram de volta para casa, ele não pareceu nem um pouco surpreso.

Quando eu e Peter voltamos ao veterinário para pegar Gattino, ele ronronou assim que nos avistou. Já de volta a Santa Maddalena, seu corpinho distendeu-se ao reconhecer o quarto onde tínhamos morado; então relaxou e andou por ali como se retornasse a um reino perdido. Meu corpo também relaxou; senti-me segura. Senti como se tivesse emergido de algum perigo, ou pelo menos de um labirinto intrincado, e que tinha descoberto como lidar com a situação.

No dia seguinte viajamos de volta para casa. A viagem incluía duas horas de condução até Florença, um voo para Milão, um tempo de espera no aeroporto, um voo de oito horas sobre o Atlântico e mais duas horas de carro até nossa casa. Quando chegamos a Florença, Peter ficou sabendo que, por causa de um problema burocrático incontornável com seu bilhete aéreo, ele devia deixar o terminal, pegar sua bagagem e fazer um novo check-in para Milão. Ele não conseguiu refazer o check in a tempo de embarcar em meu voo, e a companhia aérea (Alitalia) o informou arrogantemente que não havia lugar no próximo voo. Embarquei sozinha; Peter teve que pernoitar em Milão e comprar um bilhete de uma outra companhia; só fui descobrir tudo isso quando desembarquei em Nova

York com Gattino na caixa de transporte; lá de dentro ele espiava intrépido ao redor.

E Gattino *era* intrépido. Ele não reclamou no carro ou no avião, mesmo sem ter nada para comer desde a noite anterior. Foi paciente, as patas dianteiras e delgadas distendidas majestosamente, e me olhando com calma, confiante, a cabeça para o alto. Durante o voo dormitava em sua caixa ou se sentava em meu colo, brincando comigo, com o passageiro ao lado e com uma menininha perto de nós. Se eu deixasse, teria perambulado pelos corredores com a cauda erguida.

Na primeira vez que telefonei a Caesar, ele quis saber sobre Bitey; falou também sobre o colete salva-vidas. Conversamos um pouco sobre essas coisas. Então falei que eu tinha ficado triste quando ele foi embora. "Você chorou?", ele perguntou. "Sim. Chorei." Caesar ficou em silêncio; eu podia sentir a presença dele tão intensamente — do jeito que sentimos uma pessoa próxima de nós no escuro. Pedi para conversar com sua mãe; eu tinha a meu lado uma pessoa que falava espanhol, e queria pedir permissão para ficar em contato com o filho dela. Também conversei com Natalia, a irmã de Caesar. Antes mesmo de me encontrar com ela, pude perceber sua beleza através da voz — curiosa, vibrante, expansiva em seu calor e desejo.

Mandei presentes para os dois, principalmente livros, e brinquedos por ocasião do aniversário de Caesar. Eu conversava mais com Natalia do que com o menino; ele era muito pequeno para uma conversa mais longa ao telefone. Ela me tocava com a voz como se fosse com a mão, e eu a segurava. Falávamos de suas dificuldades na escola, de seus temores com a nova vizinhança e dos filmes de que ela gostava, a maioria com enredos de meninas que viravam princesas. Quando era a vez de Caesar, os assuntos, meio incoerentes, versavam sobre desenhos e fantasias. Mas de repente ele podia ser bem maduro. "Quero contar uma coisa", disse certa vez. "Sinto uma coisa, mas não sei o que é."

Eu queria encontrar a mãe deles; queria muito ver Caesar e encontrar sua irmã. Peter relutava porque considerava inapropriado, mas estava disposto a seguir em frente por minha causa. Fomos até Nova York, com um amigo fluente em espanhol. Levamos jogos de tabuleiro e biscoitos. A mãe beijou os dois lados do rosto de cada um dos visitantes e nos presenteou com velas. Disse que as crianças poderiam nos visitar na Semana Santa — na Páscoa. "Estou tão animada", disse Natalia. "Eu também", respondi.

Estava mesmo. Fiquei tão entusiasmada que quase tive medo. Quando eu e Peter fomos a Manhattan para apanhá-los na Penn Station, parecia um milagre encontrar os dois irmãos na estação. Assim que nos preparamos para sair, Caesar deu uma de malcriado nas escadas — a cena de sua humilhação. Mas desta vez consegui ficar com ele, acalmá-lo e confortá-lo. Eu podia fazer isso bem, e melhor ainda. Quase toda a visita foi encantadora. Em nosso álbum temos fotos das crianças de bicicleta na rua, num lindo dia de primavera, e pintando ovinhos de Páscoa; temos uma foto de Natalia se preparando para subir num cavalo, exibindo no rosto uma expressão de desafio mortal; e há outra foto na qual já está montada, agora numa postura de pleno triunfo.

Na volta de trem para Nova York, Caesar perguntou: "Você gosta de mim?". Respondi: "Caesar, não apenas gosto; eu amo você". Ele me olhou com firmeza e disse "Por quê?". Pensei por um longo momento. "Ainda não sei por quê", eu disse. "Às vezes não sabemos por que amamos as pessoas; simplesmente amamos. Um dia saberei o motivo e então contarei a você."

Quando apresentamos Gattino aos outros gatos, esperávamos drama e bufos. Não teve muito disso. Ele foi diplomático. Gentil com os tímidos Zuno e Tina, aproximando-se de ambos para tocar os focinhos, ou obedecendo uma distância respeitosa, algumas vezes se sentando ao lado de Tina e olhando para ela calmamente. Ele provocou e atormentou apenas a mais difícil, a jovem Biscuit — e é verdade que ela não gostou de Gattino. Mas o aceitou.

Então as coisas começaram a dar errado — coisas pequenas no começo. Descobri que tinha perdido o passaporte; Peter perdeu uma corrente de pescoço que eu tinha dado a ele; perdi a bola de gude azul de

Santa Maddalena. Pelo sexto verão consecutivo, Caesar veio nos visitar e tudo correu muito mal. Minha irmã Martha foi informada de que seria demitida. Mudamos para uma nova casa e descobrimos que o proprietário tinha deixado lixo por toda parte, a estufa estava quebrada e cheia de ninhos de ratos, um dos banheiros estava afundando e muitas vidraças estavam quebradas.

Mas os gatos adoraram o lugar, especialmente Gattino. O quintal era um espetáculo de beleza e vida selvagem, e quando ele completou seis meses começamos a deixar que ficasse vinte minutos por vez lá fora, sempre vigiado por mim ou Peter. Queríamos ter certeza de que seria cuidadoso, e ele era. Tinha medo dos carros; não mostrava nenhuma vontade de ir para a rua ou mesmo além do quintal, que era grande. Deixamos que ficasse mais tempo. Tudo ia bem. A casa ficou limpa; compramos uma nova estufa. Alguém achou a corrente desaparecida e a entregou a Peter. Então, num final de tarde, tive que sair por algumas horas. Peter não estava em casa. Gattino brincava no quintal com os outros gatos; pensei que ele ficaria bem. Quando voltei, tinha sumido.

Como ele nunca tinha se aproximado da rua, achei que não iria atravessá-la — mas mesmo que atravessasse, imaginei que saberia ver o caminho de volta, uma vez que o terreno do outro lado da rua era nivelado e raso. Portanto, procurei primeiro na parte de trás, onde havia um dormitório em meio a um bosque, e nas laterais da casa. Como nossa vinda para cá era recente, eu não conhecia a vizinhança e, assim, era difícil enxergar no escuro — dava para ver apenas um emaranhado de folhagens e prédios, casas, uma escola de educação infantil e o que mais tarde descobri ser um celeiro abandonado. Comecei a ficar com medo. Talvez por isso julguei ter ouvido Gattino falando comigo, sob a forma de um pensamento simples que martelou em minha cabeça, melancolicamente, como se viesse de fora. Dizia: estou assustado.

Eu queria ter respondido que não se preocupasse. Fique onde está. Vou encontrar você. Em vez disso, pensei: também estou assustada. Não sei onde você está. É loucura pensar que o curso dos eventos poderia ser modificado se frases diferentes tivessem aparecido em minha cabeça. Mas, de qualquer modo, é assim que raciocino.

No dia seguinte eu precisava ir a Manhattan porque uma amiga estava fazendo uma leitura pública do primeiro livro que escrevera em muitos anos. Peter procurou por Gattino. Como eu, ele não investigou o outro lado da rua; simplesmente não acreditava que o gato pudesse ter ido para lá.

No segundo dia confeccionamos cartazes e começamos a colocá-los em todos os dormitórios, casas e prédios do campus. Alertamos o pessoal da segurança, que enviou uma montanha de e-mails sobre o desaparecimento a todo mundo que tivesse qualquer relação com a universidade.

Na terceira noite, pouco antes de dormir, imaginei ter ouvido o gato de novo. Estou sozinho, ele disse.

Na quinta noite recebemos uma chamada de um segurança dizendo que tinha visto um gatinho magro, de um olho só, procurando comida numa lata de lixo perto do dormitório. A chamada foi feita às duas da madrugada, mas não ouvimos porque a campainha do telefone estava desligada. O dormitório era muito perto de casa; ficava além da rua e do outro lado daquele terreno.

Andei pelo terreno no dia seguinte e me dei conta de algo que não tinha percebido: de uma perspectiva humana, era suficientemente plano para que se enxergasse além dele; da perspectiva de uma criatura muito menor, próxima do chão, o terreno era formado por vales e colinas que impediam a visão de algo distante.

Há uma coisa que eu não disse corretamente: não perdi a bola de gude de Santa Maddalena. Joguei fora. Quando Peter perdeu sua corrente, decidi que a bola de gude realmente trazia má sorte. Fui até um campo e joguei fora.

Um amigo se ofereceu para pagar uma consulta com uma médium. Ele não a conhecia — não frequentava esse tipo de coisa. Mas uma jovem bonita que ele paquerava conhecia essa médium e tinha ficado impressionada com ela; meu amigo queria que eu contasse como era a tal médium; acredito que estava atrás de informações de outra fonte sobre a jovem que cortejava. E assim marquei uma consulta. A médium disse que Gattino estava "em apuros". Disse que estava morrendo. Não sabia dizer o local, exceto que era no fundo de um barranco ou de uma vala, algum lugar onde o terreno descaía abruptamente; havia água por perto e no chão, sob os pés, algo que parecia estar sendo triturado. Talvez eu pudesse encontrá-lo. Mas talvez não fosse destinada a encontrar. A médium acreditava ser possível que o "caminho cármico" do Gattino fosse "andar na mata e fechar os olhos", e sendo assim eu não deveria interferir. Por outro lado, acrescentou, eu ainda poderia descobri-lo se procurasse nos lugares que ela descreveu.

Falei a meu amigo que não estava impressionada com a médium indicada por sua bela paquera. E então percorri aqueles lugares apontados pela médium, procurando Gattino. Fiz isso dia e noite. Numa das noites, quando estava prestes a dormir, apareceram novamente mais palavras em minha cabeça. Eram: *estou morrendo* e *adeus*. Levantei da cama e tomei uma pílula para dormir. Duas horas depois acordei com o rosto banhado em lágrimas.

Quem decide quais relacionamentos são apropriados e quais não são? Quais as mortes que são trágicas e quais as que não são? Quem decide o que é grande e o que é pequeno? É uma questão de números, massa física ou inteligência? Se você é uma criatura pequena ou uma pessoa pequena morrendo sozinha e com dor, pode não se lembrar ou saber que é pequena. Se a dor é muito forte, pode não se lembrar quem ou o que você é; pode estar ciente apenas de sua dor, que é imensa. Quem decide? O que decide — o bom senso? Pode o bom senso determinar essas coisas? Bom senso é um guia excelente para nos orientar na sociedade — mas alguma vez já teve qualquer relação com quem ou aquilo que nos emociona?

Após essa primeira visita na Páscoa, Caesar e Natalia ficaram duas semanas em casa no verão. Andamos de bicicleta, nadamos, fomos ao cinema e à feira do condado de Dutchess. Natalia começou as aulas de equitação. À noite nós duas cumpríamos o ritual de "passeio noturno", no qual andávamos à toa pela vizinhança e tínhamos conversas íntimas. Ela disse que estava tendo problemas na escola com as lições e outras colegas. Perguntei se queria que eu a ajudasse pelo telefone com as lições de casa, e ela disse sim.

Peter cuidava principalmente de Caesar, mas eles não tinham um vínculo. Peter não gostava da combinação carência-agressividade do menino. Este dependia de Peter e sempre queria sua atenção — e não conseguindo, o que era frequente, dizia algo parecido a "quando eu for mais velho vou dar um soco na sua boca". Dizia por brincadeira, tratava-se, afinal, de uma criança. Mas em termos psíquicos não era uma criança; nesse sentido, nem ele nem a irmã eram crianças, e por isso era preciso levar a sério o que diziam. Eu encarava as agressões de Caesar com seriedade — e por muito tempo o perdoei. Perdoei porque para mim a agressividade e a carência, quase juntos, se traduzem, de um lado, como um desejo pelo afeto verdadeiro, algo que fora negado ao menino pelas circunstâncias, e, de outro, pela indignação devido à privação. Seu pai tinha abandonado a família; sua mãe — com quarenta e poucos anos — trabalhava por longos períodos numa fábrica e por isso deixava os filhos sozinhos em casa com frequência. Quando chegava, estava geralmente muito cansada para fazer qualquer coisa além de preparar o jantar; Caesar dizia que era xingado continuamente pela mãe. Ele e Natalia achavam que a mãe gostava mais de seus quatro filhos mais velhos, que moravam na República Dominicana.

Mas, apesar disso, ela amava os dois, especialmente Caesar. Dava para perceber na expressão corporal de ambos quando estavam juntos; e no jeito como ela olhava para Caesar quando o recebia em casa dizendo "meu filho lindo". Ela amava as duas crianças e batia nas duas. Batia racionalmente, como castigo, e irracionalmente, ao que tudo indica como uma forma de se relacionar com os filhos. Uma vez, quando eu ajudava Natalia a escrever um ensaio pelo telefone, ela disse "espere um minuto, preciso de outro lápis". A menina pôs de lado o gancho do telefone, disse alguma coisa à sua mãe num tom de voz leve e indagativo, e a resposta veio em gritos violentos, objetos quebrados,

Natalia aos soluços e o telefone sendo desligado com uma batida. Às vezes, a mãe agredia as crianças como se ela também fosse uma criança: puxava os cabelos de Natalia e a arranhava, por exemplo. Ela humilhava Natalia constantemente e infantilizava Caesar, dando banho e escovando os dentes do filho quando ele já tinha nove anos.

Duas assistentes sociais da escola disseram que já sabiam a respeito das agressões, ou pensavam que sabiam; Natalia dizia que tinha sido agredida e depois voltava atrás, falando que era mentira. Se tivesse hematomas, recusava-se a mostrar. Uma das assistentes sociais acreditava que as crianças estavam sendo maltratadas e recomendava que fossem separadas da mãe. A outra acusava Natalia de mentirosa e sentia pena da mãe, que conhecia havia anos. "Ela ama essas crianças", disse a mulher. "Ela se mata de trabalhar pelos filhos."

E eles amavam a mãe, apaixonadamente; sua autoestima estava totalmente vinculada a ela. Por isso mordíamos a língua e evitávamos criticá-la quando as crianças ficavam conosco. Encontramos uma pessoa que falava espanhol e através dessa intérprete procurávamos, sempre que possível, consultar a mãe sobre como tratar as crianças (no geral os conselhos eram do tipo "dê um murro na boca dele"), e como uma prova de respeito a ela quando estávamos todos reunidos; era um jeito de trabalhar a situação. As crianças ficavam conosco no Natal, na Páscoa, em alguns de seus aniversários e pelo menos alguns dias durante o verão. Às vezes nos encontrávamos também na cidade. Eu estudava com Natalia ao telefone, ajudando na leitura de livros indicados pela escola e na preparação de resenhas sobre os textos. Também contratei um universitário para ir uma vez por mês ao Brooklyn e dar aulas de matemática a Natalia. A professora da escola disse que ela estava melhorando. Mas então alguns colegas começaram a zombar da garota por causa disso, e ela se meteu em algumas brigas. Mas nunca falou comigo a respeito. Natalia telefonava chorando e dizia que não ia bem na escola porque sua mãe a agredia. "Você não tem controle sobre a sua mãe", eu dizia. "Você tem que controlar a si mesma." E acrescentava: "Por favor, continue tentando". Nessa ocasião, ela ficou em silêncio por um momento. E disse com muita calma: "Mary, não acho que consigo". "Apenas tente", insisti. Mas eu podia ouvir que ela não conseguia. Dava para sentir isso em sua voz. Não consigo expressar em palavras por que ela não podia ir adiante. Mas eu podia ouvir isso.

Natalia continuava a fazer as lições de casa comigo ao telefone. Seguia tendo aulas com o professor de matemática. Mas embora fizesse as lições, não entregava ao professor. Ela dizia que entregava, que o professor estava mentindo, que o professor tinha rasgado os trabalhos dela, que o professor a odiava. O professor disse que nunca recebeu os trabalhos.

Eu continuava procurando Gattino. Não pensava especificamente nas crianças enquanto procurava meu gato. Praticamente não pensava a respeito. Eu tentava sentir a terra, o céu, as árvores e o resto de mato congelado no solo. Mas não conseguia sentir nada além de tristeza. Certa vez, quando dirigia em direção a um abrigo para checar se o gato tinha aparecido, ouvi no rádio uma notícia sobre funcionários da Blackwater* que tinham atirado numa multidão de civis no Iraque. Eles mataram um jovem estudante de medicina, que tinha descido de seu carro. Quando sua mãe saiu do veículo para socorrer o filho, também foi assassinada. Ouvimos histórias desse tipo todo dia e entendo que são terríveis. Mas não sinto nada sobre isso, nada mesmo. Quando ouvi a tragédia da mãe e do filho, meu coração se despedaçou de tal modo que precisei encostar o carro até que fosse capaz de controlar minhas emoções.

Foi a perda do gato que fez isso acontecer; sua pequenez e a falta de consequência objetiva tinham tornado possível a ferida aberta. Não sei por que isso deveria ser verdade. Mas tenho certeza que é.

Era verdade não apenas quanto ao meu coração; minha mente também se dilacerou. Chamei uma outra médium, especialista em pets, e perguntei sobre Gattino. Ela disse que ele tinha morrido, provavelmente

---

* Empresa de segurança privada contratada pelo governo dos Estados Unidos e que atuou no Iraque, sendo responsável por um grande massacre de civis em 2007. [N.T.]

de uma crise renal depois de ter comido algo tóxico. Disse que tinha sofrido. Consultei outra vidente, que disse que Gattino tinha morrido, mas sem sofrer, e que tinha "se encolhido como se fosse dormir". Comecei a perguntar ao acaso às pessoas se elas tinham algum "feeling mediúnico" sobre o gato. Alguns eram amigos, outros, apenas conhecidos e outros, completos desconhecidos. Uma estranha, dona de um motel em Austin, disse que Gattino tinha ficado mais doente do que eu imaginava, e que fora embora para me poupar de qualquer sofrimento; e completou que o gato, quando vivo, me amava. Uma conhecida, taciturna e geralmente antipática, que trabalha num estábulo, e a quem eu não pensaria em pedir um esforço mediúnico, olhou para o folheto que mostrei a ela e a seu companheiro, e então observou em voz baixa, quando eu estava prestes a sair: "De qualquer maneira, não creio que seu gato tenha morrido". Ela achava que o gato estava vivendo debaixo de uma casa branca com inúmeras passagens ao redor. Soava como uma descrição de metade dos dormitórios do campus.

E assim, em meados de janeiro, espalhei outra rodada de cartazes na região e nas caixas de correio. Quase imediatamente comecei a receber ligações de pessoas que tinham visto um gato pequeno e com um único olho. Comecei a deixar comida nos lugares em que ele supostamente tinha aparecido, como uma maneira de mantê-lo por ali. Também deixei pedacinhos de minha roupa perto da comida para que sentisse o cheiro e se lembrasse de mim. Deixei comida no quintal. Juntei montículos de areia com cocô e xixi de gato e espalhei no quintal para que ele pudesse sentir o cheiro de nossos outros gatos e encontrar o caminho de volta para casa. Enchi um saco de compras com esses montículos e uma noite bem tarde saí para despejar o conteúdo ao longo de uma trilha que ia de casa ao ponto mais distante do campo. A neve batia na canela e precisei de quase uma hora para atravessar a área, lançando diligentemente os detritos nas marcas de minhas pegadas.

Perguntei a Peter se ele achava que eu era louca. Ele respondeu que às vezes realmente achava que sim. Então lembrou-se de um casal de amigos cujas filhas gêmeas tinham morrido recentemente por causa de uma doença rara de pele chamada epidermólise distrófica recessiva. Quando as meninas nasceram, os pais foram aconselhados a interná-las numa instituição. Mas diante da insistência dos pais de levá-las para casa, os médicos deram de ombros e entregaram algumas bandagens ao casal. Nada se sabia naquela época sobre *homecare*; os pais tiveram que aprender tudo sozinhos. Eles se devotaram inteiramente ao cuidado das filhas e puderam dar a ambas uma vida quase normal; a despeito das dores excruciantes envolvendo quase todas as atividades mais simples, inclusive comer, as garotas praticaram esportes, foram para a faculdade, flertaram online e tiveram namorados. E embora continuassem a esperar pela cura, morreram com vinte e sete anos. Os pais trabalharam com afinco até o fim para fazer com que as gêmeas vivessem bem ou com o menor sofrimento possível. "A gente teria feito qualquer coisa", disse a mãe. "Se alguém dissesse que besuntar o corpo com merda e rolar no chão do quintal poderia ajudar as meninas, a gente faria isso." "Mas na verdade não fizeram", reparei. "Bom, ninguém sugeriu a eles que fizessem", disse Peter.

Como Natalia dissesse que tinha medo de ir para uma escola pública, pagamos para que fosse matriculada, junto com o irmão, numa escola católica. Caesar se deu bem; ela foi expulsa após alguns meses. Sua mãe riu amargamente. Disse: "Natalia sempre dá problema". "Ainda acredito nela", respondi. Houve um silêncio incrédulo do outro lado da linha.

Nesse verão, mandamos os dois para um acampamento de verão que costumava ser ótimo para crianças problemáticas, e *foi* mesmo, especialmente para Natalia. Ela se superou; os orientadores adoraram a garota e a convidaram a participar de um programa anual chamado Teen Leadership, que incluía contatos telefônicos de grupo com os orientadores, monitoria nas escolas e viagens mensais de fim de semana ao acampamento. Natalia ficou entusiasmada, e quando a entregamos de volta, mostramos à sua mãe as fotos no acampamento, a garota à vontade com outros jovens, e não causando qualquer tipo de problema. Ela olhou as fotos e jogou todas — literalmente — no chão.

Natalia fez as duas primeiras viagens ao acampamento e não apareceu mais. Parou de participar das conversas telefônicas de grupo. Saía todas as noites e faltava na escola. Dizia que era porque sua mãe a agredia. A mãe dizia que era porque ela queria transar e se drogar.

Quando Natalia veio para o Natal, tivemos uma briga; depois tentei falar com ela. "Eu não me importo", respondeu. "Não me importo com nada." Eu disse que duvidava que isso fosse verdade. Ela disse: "É verdade. Sempre foi verdade". Senti que ela ficara aliviada ao dizer isso. "Está certo. Pode ser verdade algumas vezes, mas não todas as vezes; quase todo mundo se importa com alguma coisa, alguma vez." Ela me olhou mal-humorada; não discordou. "Mas se você andar por aí sem se importar com nada durante muito tempo, as pessoas vão começar a acreditar que você não se importa mesmo", continuei. "Se você não se importa, então as pessoas que se importam vão sair de sua vida e as pessoas que não se importam vão entrar. E se isso acontecer, você descobrirá que está num lugar terrível." Enquanto eu falava, seu rosto se desanuviava lentamente; lentamente, o mau humor transformou-se em medo. Beijei Natalia e disse: "Não precisa ser assim". Alguns meses depois ela fugiu de casa.

Caesar tinha nove anos quando sua irmã fugiu, e dava para perceber como ele a vigiava, metaforicamente, com os olhos bem abertos. A exemplo da mãe, condenou a atitude de Natalia, e mesmo assim era possível ouvir em sua voz o afeto que tinha por ela. Ele amava sua família — mas também me amava. Eu podia falar com ele a respeito de qualquer coisa — sonhos, céu e inferno, o que fazia uma pessoa ser má e por que um retrato podia ser bom ou ruim. Quando viu um retrato de meu pai no armário envidraçado que serve como uma espécie de santuário, ele quis saber a respeito dele. Eu disse que meu pai tinha ficado órfão aos dez anos; que sua mãe morrera quando ele tinha nove, seguida pela morte de seu pai um ano depois. E que então seu cachorro morreu. Ainda assim, quando estourou a Segunda Guerra Mundial, meu pai quis se alistar. Ele se juntou ao exército em Anzio, uma das batalhas mais terríveis da guerra. "Fiquei triste por seu pai", Caesar disse. "Mas não fiquei com pena, afinal ele parece uma pessoa incrível." Mais tarde, Peter perguntou se alguma vez ele tivera um amigo imaginário. "Antes eu não tinha, mas agora tenho", contou. "Meu amigo imaginário é o pai da Mary."

Quando meu pai estava morrendo, perguntei a ele uma coisa. Não foi bem uma pergunta. Não acho que ele estivesse consciente e sussurrei em vez de perguntar em voz normal. Mas de qualquer maneira era uma pergunta séria: "Papai, me fale de seu sofrimento. Diga como foi isso para você". Eu jamais poderia ter feito essa pergunta antes. Mas eu acreditava que à beira da morte ele podia "ouvir" minhas palavras sussurradas.

E devagarinho, durante um tempo, acho que ele me respondeu, ao menos em parte. Eu sentia que estava ouvindo uma parte da resposta enquanto procurava meu gato numa hora tardia e tão fria que não havia ninguém por perto. Me ocorreu então que a perda do Gattino era, na verdade, um jeito misericordioso de ter minha pergunta respondida.

Minhas irmãs e eu ficamos sentadas ao lado de meu pai quando ele estava morrendo; tomamos conta dele com a ajuda de um cuidador de um hospital para idosos que vinha todos os dias. Mas Martha estava sozinha na hora em que ele morreu. Disse que tinha sentido a morte entrando no quarto. Mais tarde acrescentou que tinha sentido e inclusive visto coisas terríveis antes de ele morrer. Mas parecia em paz a respeito do fato de ter testemunhado sozinha a morte de nosso pai.

Quando Martha voltou para casa, teve que trabalhar imediatamente. Ela não era íntima de seus colegas de trabalho e estes não eram os confidentes ideais. Mas precisava falar — e falou. Um dos colegas que ouviu Martha descrever a vida de meu pai achou absurdo que ela desse mais ênfase à morte do cachorro dele do que à perda dos pais. E disse com frieza: "Amo os cachorros. Fico triste quando morrem, mas nunca um cachorro poderia ser comparado à família".

Quando eu procurava o gato, lembrei-me dessa história e queria estar com minha irmã quando seu colega falou daquele jeito com ela. Eu teria dito o seguinte: "Imagine que você é um menino de nove anos e perdeu a mãe. Você está em choque e por causa disso você se tornou um pequeno animal que sabe que a sua sobrevivência está em perigo. E assim você diz a você mesmo, tudo bem, não tenho mãe e posso lidar com isso. Então o seu pai morre no ano seguinte. Você pensa, tudo bem, não tenho mais pai e posso lidar com isso também. Então o seu cachorro morre. E você pensa, nem mesmo um cachorro? Não posso ter nem um cachorro?". E eu continuaria falando: "É claro que o cachorro não era mais importante do que os pais, seu idiota. Os pais eram tão importantes que ele não podia se dar ao luxo de sentir sua perda. Já a perda do cachorro ele podia sentir e através desse sentimento vinha todo o resto". Minha irmã *falou* isso, mas numa versão mais polida. Eu queria mesmo estar lá naquela hora e poder falar.

A perda simbólica de "meus" filhos e a perda de meu gato eram menores quando comparadas às perdas sofridas por meu pai. É por isso que se tratava de uma perda misericordiosa; era suficiente para me dar uma prova do que meu pai sentiu, e essa prova era tudo que eu podia suportar. Antes eu não tinha entendido. O mito da família dizia que meu pai era um homem fraco, neurótico, um menininho incapaz de crescer emocionalmente. Havia alguma verdade nessa percepção. Mas a maior verdade era a seguinte: ele era forte, muito mais forte do que sou. Se eu tivesse a experiência que ele teve aos dez anos, teria desmoronado muitas vezes. O que aconteceu com ele o deixou magoado, e muito. Mas não o destruiu. Ele criou uma família e manteve um emprego. Era um homem brutalmente infeliz e às vezes se comportava de forma miserável com a esposa e as filhas. Mas nunca desistiu. Nunca se dobrou. Até o fim.

Caesar uma vez perguntou se podia morar conosco. Respondi que não acreditava que ele quisesse isso de verdade; até porque iríamos insistir o tempo todo para que fizesse as suas lições de casa. Ele respondeu que faria. Eu disse que achava que ele iria sentir demais a falta da mãe. Ele hesitou e então respondeu que talvez sentisse. "Além disso, nós não iríamos bater em você quando fosse malcriado, e aí você não saberia o que fazer."

Ele ficou um momento em silêncio. Então disse que eu tinha razão.

"Por que você acha isso?", perguntei.

Ele pensou por um longo tempo; eu podia dizer que ele estava pensando de verdade. Finalmente respondeu: "Não sei. Por que *você* acha isso?".

"Querido, não sei a resposta", eu disse. "Ninguém sabe. Se você pudesse responder, ganharia um milhão de dólares."

Talvez fosse uma conversa estranha para se ter com um menino de dez anos. Mas eu queria que ele pensasse a respeito mesmo que nunca encontrasse a resposta. Se ele pudesse pensar por que tinha que apanhar, então saberia que a necessidade de ser agredido não era uma coisa *dele*, mas separada, a respeito da qual ele poderia ter alguns pensamentos. Não tenho certeza se isso faria qualquer diferença. Uma vez, durante uma discussão com ele sobre por que estava atirando pedras nos patos, perguntei: "Você quer ser tratado desse jeito, apenas por que sou maior do que você? Você quer que eu bata em você?".

"Isso, vai, bate", ele disse.

Não bati. Virei as costas e saí. Mas por um instante fiquei tentada. Fiquei tentada, em parte, por frustração. Mas também pela intensidade das carências de Caesar.

Essas crianças — observe — não eram pessoas fracas. Elas estavam perturbadas, correndo riscos, em desvantagem; sofriam racismo, baixa autoestima — tudo que você quiser. Socialmente — isto é, em termos de dinheiro e privilégios —, eu era superior em todos os sentidos. Mas num sentido maior e difícil de articular, os dois irmãos, apesar da juventude, eram no mínimo iguais a mim, se não superiores. Superiores não por causa de algo inato, mas devido à exposição constante a forças brutais e complexas da sociedade, diante das quais tinham que negociar suas vidas diariamente. Às vezes, quando eu e Natalia assistíamos a um filme, ela se encostava em meu ombro e eu tinha uma sensação aguda de que meu corpo pequeno e o ombro ossudo não bastavam para aguentar o peso dela.

Eu pensava: não sou grande o suficiente para dar a essa garota o que ela precisa. Tive momentos de intensa alegria na companhia deles — vendo como desembrulhavam seus presentes debaixo da árvore de Natal, preparando sanduíches para os dois, observando Natalia no cavalo ou Caesar aprendendo a nadar. Mas, com frequência, me sentia inadequada, errada, incapaz de afeição, frustrada, incompatível — como se fosse, na melhor das hipóteses, um rato bem-intencionado tentando livrar dois filhotes de leão, roendo freneticamente uma rede dupla e pesada que tinha sido lançada sobre ambos por poderes imensos, muito além de sua visão limitada.

Tenho certeza de que eles sabiam disso. Não há dúvida de que algumas vezes sentiam desprezo por meus sentimentos de inaptidão, e por minhas tentativas de agir confiantemente a despeito de ambos, e de ser uma fonte de inspiração e otimismo quando mal sabia como fazer isso. Mas também eram acolhedores e por vezes muito amáveis. Quando eu e Peter tentávamos fazer alguma coisa e não dava muito certo — servir o jantar, localizar um zoológico onde crianças podem brincar com animais, fazer funcionar um videocassete imprevisível —, Caesar e Natalia ficavam às vezes muito quietos e podíamos sentir que estavam unidos na apreciação de nossos esforços, e nos incentivando sutilmente com sua boa vontade. Algumas vezes eu sentia que eram generosos mesmo não estando presentes, como se estivessem atrás de mim, as mãos sobre meus ombros. Tenho medo de voar e certa vez, num instante de pânico num aeroporto, quando minha própria cabeça já não bastava para segurar as pontas, lembrei-me de Natalia montada num cavalo, ereta e sorrindo, e essa lembrança foi a única coisa que me acalmou.

Quase dois meses depois do desaparecimento de Gattino, fui visitar uma mulher cujo marido tinha falecido havia três anos. Ela ainda estava de luto, um luto profundo e acentuado por sua tendência ao misticismo; eu me perguntava se a bola de gude azul que aparecera magicamente na Itália e que depois joguei fora tinha alguma coisa a ver com o desaparecimento do gato. Em vez de se mostrar sensata, a mulher de luto disse que conhecia uma excelente médium, que poderia ser capaz de responder essa questão. Eu disse não, não queria mais contratar nenhuma médium. A mulher disse que era amiga da médium e que apenas transmitiria a pergunta da bola de gude para ela, sem a necessidade de uma sessão completa.

Algumas semanas mais tarde recebi um e-mail; a médium dizia que o movimento da bola de gude azul não era uma maldição ou um presságio de qualquer tipo, mas o subproduto de uma energia psíquica que um jovem de Santa Maddalena tinha endereçado deliberadamente a mim; esse jovem era um mágico praticante que me reconhecera como um espírito similar, uma pessoa que precisava amar e era capaz de expressar o amor totalmente. Ele desejava o meu bem e era a força desse querer que fizera a bola de gude rolar no chão. Isso não tinha nada a ver com Gattino, mas ficou associado à circunstância do gato, o que era interessante para a médium, pois a bola de gude simbolizava um olho, e o gatinho desaparecido tinha apenas um olho.

Ela acrescentou que Gattino não estava morto; tinha sido recolhido por um "viajante" familiarizado com o sistema de hospitais e abrigos de gatos em todo o estado. Esse viajante levou meu gato a um desses abrigos, onde estava sendo bem cuidado neste momento. Se quisesse encontrá-lo, eu deveria entrar em contato com todos os gatis num raio de oitenta quilômetros.

Essa informação, finalizou a médium, me custaria cem dólares.

Se alguém dissesse para me besuntar de merda e rolar no chão do quintal, se essa pessoa fosse especialista em gatos e, sim, se aquilo *pudesse* resultar na volta de meu gato, provavelmente teria me besuntado e rolado no quintal. Não reconheci essa minha suscetibilidade patética como "pensamento mágico". E não considerei que fosse muito diferente de qualquer outro tipo de pensamento. Era muito mais o fato de que a ordem visível e conhecida das coisas tinha se tornado inaceitável para mim — na verdade, sem sentido — porque colidia de maneira violenta com as carências de minha mente desordenada. Outros tipos de ordem começaram a ficar visíveis para mim, transpondo e enlaçando a ordem rompida que existia antes. Ainda não sei se essa realidade capenga era completamente ilusória, um ato da vontade desesperada ou uma interpretação inepta e parcial de alguma coisa real, algo muito maior do que aquilo que eu podia ver de imediato. Nesse sentido, meus símbolos de conexão — a bola de gude, as coisas que várias médiuns disseram — eram similares aos ícones e às estátuas diante das quais as pessoas rezam ou que carregam pelas ruas em procissão ou ainda penduram no pescoço, sob a forma de imagens. Exceto que as estátuas e os ícones são criações artificiais, algumas vezes muito bonitas. Meus símbolos não eram bonitos; eram idiotas e triviais. E podiam ser comparados aos ícones e às estátuas tanto quanto uma criança deformada e com deficiência poderia ser comparada ao primo distante de um lindo príncipe. Mas de qualquer modo eram relacionados.

Paguei os cem dólares. Telefonei, com a ajuda de Peter, a todos os abrigos de gatos num raio de oitenta quilômetros. Muitos pediram que eu enviasse uma foto de Gattino junto com meus dados de contato, que postaram em seus respectivos sites; imediatamente comecei a receber mensagens de pessoas que poderiam ter visto o gato. Recebi também respostas de empresas devotadas ao resgate de gatos irremediavelmente desaparecidos, uma das quais incluía um detetive particular disposto a viajar para nosso estado com seus cães farejadores, um sorridente pit bull e um poodle atento, nobremente retratados no site ao lado do dono. A qualidade superior de tais negócios era atestada por inúmeros comentários de fregueses satisfeitos em cada um dos sites: "No começo, duvidei. Mas assim que abri a porta e vi Butch com seus cães farejadores, eu soube...".

Também recebi um e-mail de alguém que mal escrevia em inglês, mas que afirmava conhecer um tal de "Samuel" que tinha encontrado um gato perto de um "centro comunitário", conversara com ele a respeito de meu anúncio na internet e conseguira o e-mail de Samuel, caso eu quisesse entrar em contato. "Samuel", é claro, queria ver uma foto de Gattino para ter certeza de que estava com o gato certo; ao receber a foto, escreveu que, sim, era definitivamente o meu gato. E prosseguiu contando que, como eu, também caíra de amores por Gattino e o levara para sua casa na Nigéria; se quisesse meu querido pet de volta, que enviasse o valor da tarifa necessária para embarcá-lo num avião. Ao dar um google nas primeiras linhas de sua mensagem encontrei um alerta indignado de uma mulher que tinha pagado a tarifa e nunca teve o seu gato de volta.

Este mundo é a única realidade disponível para nós, e se não o amarmos em todo o seu terror, vamos seguramente acabar amando o "imaginário", nossos próprios sonhos e autoenganos, as utopias dos políticos ou as promessas fúteis de recompensa e consolo que os iludidos chamam hereticamente de "religião".

Esse é Leslie Fiedler escrevendo sobre Simone Weil. Quando li o texto, pensei, sim, é o que sou: afundada em sonhos de bolas de gude, presságios e médiuns, esperando que alguém ou algo tenha pena de mim e de meu gato. Mas pode uma pessoa saber todo o tempo o que é imaginário e o que não é? Agir de modo sentimental é algo que as pessoas inteligentes desprezam como falso, mas a palavra está uma letra distante de *sentimento* — isto é, da emoção. Na vida, as emoções falsas estão de tal maneira misturadas às emoções reais que me pergunto se alguém é capaz de distinguir umas das outras; ou se sabe quando uma emoção falsa pode estar oculta numa emoção verdadeira. Quando meu pai estava morrendo, gritava por pessoas que não estavam presentes com uma voz que não reconhecíamos como sua. Numa dessas vezes, disse: "Eu quero a minha mãe". Quando ouvimos isso, eu e Jane ficamos paralisadas e perguntamos a nós mesmas: vamos fingir que somos a mãe dele? Foi Martha quem soube o que fazer; segurou as mãos de nosso pai e cantou para ele. Era uma canção de ninar e isso o acalmou. Ele pensou que sua mãe estava ali. Isso foi um sonho, um autoengano?

Telefonei para os três jovens que estiveram comigo em Santa Maddalena ou na vizinhança para saber se algum deles era praticante de mágica. O primeiro era um estudante de medicina que tinha escrito um livro mundialmente aclamado sobre uma criança-soldado na África Ocidental. Escrevi um e-mail e perguntei se podíamos conversar pelo telefone. Imaginei-o ruminando o teor dessa conversa. Dificilmente poderia ser isto: "Sei que esta pergunta é peculiar", eu disse. "Mas você pratica qualquer coisa que poderia ser definida como mágica?"

Houve um longo silêncio. "Você quer dizer, literalmente?", ele perguntou.

Pensei a respeito e disse: "Sim. Acho que sim".

O silêncio que se seguiu continha tamanha perplexidade que não aguentei e expliquei o motivo da pergunta.

"Bom", ele disse, "eu rezo. Você acha que isso conta?"

"Para mim, contaria", respondi. "Mas acho que aquela mulher não se referia a isso." O estudante de medicina foi simpático a respeito do Gattino. Disse que ia rezar para que eu o encontrasse. Agradeci e telefonei para outra pessoa.

Quando meu pai estava vivo, ele e Martha eram distantes um do outro, não se compreendiam, eram quase hostis um com o outro. Ele a tratava com frieza e ela se sentia rejeitada. Na medida em que envelhecia e ficava cada vez mais infeliz, além de ser enfim rejeitado por minha mãe, papai tentou se aproximar de Martha. Mas o padrão anterior estava muito definido. Durante uma de nossas últimas visitas no Natal, testemunhei meu pai e Martha representando uma cena que parecia a imitação estranha de um jogo cruel entre uma garota — loucamente apaixonada por um rapaz indiferente — e o próprio rapaz. Martha perguntava sem parar se ele tinha gostado do presente que ela trouxera. Gostou, gostou de verdade? Iria usar? Gostaria de experimentar agora mesmo? E ele respondia com formalidade, irritado e com indiferença crescente. Martha se comportava como se quisesse ganhar o amor do pai, mas assumia o papel de perdedora de forma tão agressiva que era quase impossível para ele responder com amor, ou apenas responder. Qual era aqui a emoção verdadeira? Qual era o sonho ou o autoengano? Alguma coisa real estava acontecendo e era terrível de se ver. Mas isso era tão camuflado que ficava difícil dizer do que se tratava na verdade.

Ainda assim, quando nosso pai estava morrendo, Martha foi a única que soube como segurar sua mão e cantar para ele.

O segundo jovem para quem telefonei, um escritor húngaro que conheci fora de Santa Maddalena, respondeu de modo bem diferente. "Eu tenho poderes", disse, intensamente, "mas nunca me ensinaram direito como usar. Se fizesse alguma coisa se mexer, seria grande, como um prédio. Mas uma bola de gude — não sou bom nisso. Movimentar algo tão pequeno requer mais aperfeiçoamento do que tenho."

Essa conversa pelo menos me fez sorrir e quando a reproduzi numa festa, querendo divertir os convidados, acabei na verdade ofendendo um deles. "Ele parece um idiota!", disse um produtor de filmes que me ouviu por alto. "Não há nenhum charme nisso; ele simplesmente parece um verdadeiro idiota." E então tal produtor, a voz da normalidade e da inteligência, começou a me descrever sua última ideia para uma comédia. Um homem que se casou muito jovem, trinta anos, com muita vontade de viajar. Um dia sua esposa viaja sozinha e ele se vê diante de uma linda jovem que o deseja. "Finalmente, ela fica sozinha com ele e tira a blusa; ela tem seios incríveis, seios realmente grandes que são perfeitos, os seios mais lindos que já se viu! Mas ele diz não e..."

Caí na risada, quase histericamente. Sim, era uma comédia, e mais profunda do que pensava seu criador, porque tinha em seu centro dramático a rejeição de seios nus lindíssimos. É claro que o herói rejeita esses seios em nome da fidelidade, e racionalmente falando está tudo certo. Mas se alguém silencia o tom banal da história e observa a ação conforme esboçada pelo diretor, surge um filme diferente, mais duro. Se é uma comédia ou um drama, uma imagem cintilante ou perversa, isso depende daquilo que você sente a respeito de seios nus, que, na linguagem simbólica mais fundamental, se traduzem como leite materno, amor e vulnerabilidade. Minha irmã queria amar meu pai de um jeito que ele não podia aceitar, do mesmo modo que, com desespero crescente, este queria amar minha mãe, um amor que ela não podia aceitar ou nem mesmo reconhecer. Em cada um desses desejos de amar, pureza e perversidade compunham um padrão estranho; cada rejeição tornava o padrão mais absoluto.

Se meu pai tivesse agido de modo diferente em relação a Martha, é possível que conseguisse romper esse padrão. Por se tratar do pai, é possível que a obrigação de agir coubesse a ele. Mas não acho que pudesse. Ele não era sofisticado quando se tratava de lidar com as próprias emoções. Suas emoções eram demasiadamente brutas para uma sofisticação.

Quando eu tinha trinta e dois anos, tentei romper esse padrão. Durante uma visita minha a meus pais, ele, em meio a um acesso de raiva, gritava com minha mãe sobre os defeitos dela. Meu pai agia assim havia vários anos e nós, geralmente, ficávamos em silêncio, esperando que ele se cansasse. Dessa vez não fiquei quieta. Gritei com ele. Disse que estava cansada de ouvi-lo reclamando e jogando a culpa de tudo sobre os outros. Achei que ele ia gritar de volta; no passado, deveria esperar que me agredisse. Mas ele não gritou. Virou as costas e se retirou. Fui atrás, ainda gritando. Finalmente eu disse que sentia muito estar gritando desse jeito com ele. "Estou fazendo isso porque quero ter um relacionamento de verdade com você", acrescentei. "Você quer se relacionar comigo de verdade?"

"Não", ele respondeu, e fechou a porta de seu quarto em minha cara.

Me senti mal, mas também justificada. Eu estava certa e ele, errado. Ainda assim, pedi desculpas no dia seguinte e conversamos um pouco. Ele não voltou atrás. Isso mostrou que eu estava ainda mais certa. E justificou que fechasse a porta para ele emocionalmente.

Contei essa conversa a um homem mais velho, um amigo que também era pai. Ele riu e disse: "Eu também teria dito não se fosse ele".

Perguntei por quê. Não me lembro o que respondeu. Fiquei com a impressão de que meu amigo tinha considerado minha linguagem muito batida ou terapêutica. E era mesmo. Certamente meu pai teria feito a mesma avaliação. Mas não acho que essa foi a única razão de ele ter se retirado para o quarto. Se minha linguagem era clichê, era também sincera e nua. Esse tipo de nudez repentina, sem um mínimo de elegância, teria representado uma forma de violência para meu pai. Teria atingido com muita força um lugar que ele tinha escondido por toda a sua vida. Dizer sim a meu pedido permitiria que essa força o atingisse em cheio. Recusando, ele se mantinha fiel a esse lugar tão bem guardado.

Meu pai continuou tendo ataques de raiva e culpando os outros por seu sofrimento. Pouco depois de eu ter perguntado se queria ter um relacionamento verdadeiro comigo, escrevi uma carta dizendo como eu ficara com raiva por ele ter agido daquele modo. Antes de enviá-la, revelei o conteúdo a minha mãe. Ela disse que ele ficaria muito magoado. E acrescentou:

"Seu pai me disse o seguinte: 'eu e Mary temos um relacionamento de verdade'".

Rasguei a carta naquela ocasião e pensei como tudo aquilo era triste. Hoje acredito que meu pai tinha razão. Nosso relacionamento *era* real. O que eu queria é que fosse ideal.

Quando um segurança chamado Gino disse que tinha visto Gattino vários meses depois de seu desaparecimento, eu e Peter começamos a acreditar que de algum modo o gato tinha encontrado um lugar para sobreviver, mesmo que às vezes a temperatura caísse abaixo de zero e mesmo que fosse difícil obter comida. Comecei a espalhar nos arbustos em torno de casa algumas roupas com suor, esperando que o vento carregasse o odor para ele, tornando-o capaz de encontrar o caminho de volta. Continuamos a colocar comida em lugares cobertos ao lado de estacionamentos; além disso, passamos a vigiar essas áreas à noite, sentados no carro e com os faróis direcionados para o lugar onde estava a comida. Vimos pelo menos dois gatos que vieram comer — ambos cinza-malhados, mas grandes, e portanto ninguém os confundiria com o gato delicado retratado em nossos cartazes. Peter viu, apenas uma vez, um gato pequeno e magro que poderia ser o nosso, mas não conseguiu olhar atentamente porque o animal se esgueirava sob os automóveis estacionados.

O próprio fato de fazer essas coisas — esperar em estacionamentos, colocar roupas suarentas nos arbustos — fazia com que eu sentisse que Gattino ainda estava por perto.

Antes de encontrar Gattino, antes da viagem para a Itália, falei com Caesar pelo telefone e durante a conversa ele perguntou por que eu enviava dinheiro à mãe dele. Eu devia ter sido sincera. Se fosse, diria o seguinte: "Porque amo você e quero ajudar sua mãe a cuidar de você". Em vez disso, por alguma razão maluca, dei uma de socióloga: "Porque quando encontrei sua mãe pela primeira vez e ela me disse que ganhava seis dólares e quarenta centavos por hora de trabalho, senti vergonha como americana. Achei que ela merecia mais apoio por ter vindo para cá em busca de uma vida melhor".

"O que você está dizendo é uma tremenda duma besteira", disse Caesar.

"Por quê?"

"Não sei, simplesmente é."

"Diga com palavras. Tente."

"Não consigo."

"Sim, você consegue. Por que o que eu disse é uma tremenda besteira?"

"Porque já é muito bom que minha mãe tenha vindo para cá em busca de uma vida melhor."

"Concordo. Mas ela merecia ser reconhecida. Tenho um trabalho difícil e às vezes odeio o que faço, mas sou reconhecida e ela também devia ser. E alguém além de mim deveria fazer isso, mas, como ninguém faz, faço eu."

"As pessoas estão valorizando minha mãe. Ela agora ganha mais dinheiro."

"Isso é bom, mas ainda assim ela devia ganhar mais."

"Você fala como se tivesse pena dela."

"Eu tenho, e daí? Às vezes sinto pena do Peter; às vezes sinto pena de mim mesma. Não há nenhuma vergonha nisso."

"Mas você fala de minha mãe como se ela fosse uma espécie de aberração."

"Eu não penso assim."

"Você fala como se achasse que é melhor do que ela."

Por um momento fiquei quieta. Porque é isso mesmo que acho, ou melhor, sinto. Diante de Deus, enquanto espírito, não me sinto superior. Mas socialmente, enquanto uma criatura deste planeta, sinto que sou melhor. É um erro sentir isso. Mas sinto de verdade. Uma parte desse sentimento vem de algumas coisas que Caesar e Natalia me contaram.

Caesar percebeu minha hesitação e começou a chorar. Então menti. E é claro que ele sabia que era mentira.

"Pela primeira vez na vida estou sentindo vergonha da minha família", disse.

Pedi desculpa; tentei tranquilizá-lo. Ele perguntou se eu aceitaria dinheiro de alguém que se considerasse melhor do que eu. "Sinceramente, sim", respondi. "Se precisasse do dinheiro, pegaria o máximo que pudesse e ainda diria a mim mesma: que se dane você por pensar que é melhor do que eu."

Ele disse, com todo ardor, que nunca, jamais faria isso.

"Não fique assim tão seguro", eu disse num estalo. "Você ainda não sabe."

Ele parou de chorar.

"Caesar, isto é realmente difícil. Você acha que vamos superar?"

"Não sei", respondeu. E disse: "Sim".

Perguntei se ele se lembrava de uma vez em que tinha apenas sete anos, a gente estava num trem e ele me perguntou por que eu o amava, e respondi que ainda não sabia. "Agora sei. É o seguinte. Você não é alguém que quer apenas ouvir uma bobagem bonitinha. Você se importa. Você quer saber o que é verdade. Eu amo você por isso."

Essa era a verdade. Mas, às vezes, mesmo o amor verdadeiro não é suficiente. Ele disse que lamentava ter me incomodado e que estava cansado. Perguntei se ainda estava bravo comigo. Ele hesitou e então disse: "Não. Aqui, dentro de mim, não estou bravo com você".

Meses depois do desaparecimento do Gattino, eu ainda sonhava com ele pelo menos uma vez por semana. Sonhava que estava no quintal chamando por ele, como tinha feito antes do sumiço, e ele vinha ao meu encontro do mesmo jeito que vinha antes: correndo, a cauda ereta, dando pulinhos de entusiasmo e finalmente saltando no meu colo. Com frequência, nos sonhos, ele era diferente; às vezes parecia uma mistura de outros gatos que tive no passado. Houve um sonho em que misturei Gattino com Caesar: eu e Caesar estávamos tendo uma briga e fiquei com tanta raiva que abri a boca e ameacei mordê-lo; ele contra-atacou também abrindo a boca e vi que tinha os dentes pequenos e afiados de um gatinho.

Quando voltamos da Itália, Caesar veio nos visitar. Estávamos cansados e empacotando nossas coisas para mudar de casa. A gente estava sem o ânimo costumeiro para lidar com Caesar; ele percebeu isso na hora e se ressentiu. "Vocês estão diferentes", disse. E ficou instável e hostil, um comportamento que, aos doze anos, tinha uma intensidade muito diferente do que na época em que tinha apenas sete. No segundo dia conosco, ele disse a Peter: "Quero cortar as suas bolas". Achei que Peter fosse derrubá-lo escada abaixo. Alguns dias depois, Caesar disse que eu não tinha filhos porque tinha ido ao veterinário e "ficado enfeitiçada"; respondi racionalmente, mas, por dentro e pela primeira vez, meus sentimentos pelo menino morreram. Nessa noite, quando foi para a cama, ele começou a gritar que não podia respirar. Dei a ele o inalador e massageei seu peito. Por mais de uma hora ele continuou gritando e se obrigando a tossir, alto e dramaticamente. Eu disse que sabia que ele fingia ter asma, que também sabia que era difícil ficar conosco, e que a visita não estava indo bem. Falei que eu tinha dificuldade para dormir, que estava cansada de verdade, algo que era em parte responsável pelo fato de não estar presente do jeito que ele gostaria. Coloquei minha mão em seu estômago e disse para ele respirar pela barriga. Ele fez isso. Falamos sobre um filme de Harry Potter a que tínhamos assistido na noite anterior. Falamos sobre a ideia de um universo alternativo, e sobre o que ocorria nele neste exato instante. Me senti outra vez conectada ao menino. Caesar fechou os olhos e começou a respirar regularmente. Saí do quarto à uma da madrugada. Ele me acordou às seis da manhã pedindo que eu levantasse e o ajudasse a ligar o chuveiro.

Em março, quatro meses após Gattino ter desaparecido, recebi um telefonema às três da madrugada de Gino, o segurança, que disse ter acabado de ver meu gato num dos estacionamentos. Coloquei um casaco sobre o pijama, peguei o carro e cheguei ao local em poucos minutos. Gino e outro segurança caminhavam agitados de um lado para o outro, o flash de suas lanternas registrando a figura imprecisa de um gato debaixo do último carro da fileira de veículos. Quando me aproximei, ele fugiu. "Escapou!", gritou Gino, o flash capturando um gato malhado e obeso que o segurança vigiava havia meses. "Esse aí não pode ser", disse o outro segurança. "Esse gato tem os dois olhos." "Não tem, não!", insistiu Gino. "Eu iluminei e vi."

Algumas noites mais tarde, conversei com outro segurança, um homem mais velho e reticente que uma vez contou que tinha visto o Gattino. Perguntei quando tinha sido a última vez. Há três meses, talvez mais — respondeu. "Ultimamente não tenho visto muitos gatos por aqui", disse. "Mas vou dizer o que tenho visto. Um lince-pardo enorme, que circula por todo o campus tarde da noite. E vários coiotes."

O sentido era claro. Não falei quase nada. Ao menos — pensei — teria sido uma morte que um animal compreenderia.

Caesar não se comportou mal durante toda a visita. Ele amava o Gattino; amava a história de sua doença e do seu voo dramático vindo da Itália. Quando soube que uma amiga de Peter viria para o jantar, gastou espontaneamente todo seu dinheiro para comprar quatro cannolis numa confeitaria na qual tínhamos parado para beber uma soda. "Quero fazer bonito pela gente", disse. Na hora da sobremesa, pediu que esperássemos. "Vou preparar", disse. E serviu o cannoli guarnecido de amoras, o que deve ter sido uma inspiração de último minuto. Mas quando a convidada para o jantar enviou a Caesar um e-mail com um poema agradecendo pelo cannoli, sua reação foi a seguinte: "Que vadia idiota. Que tipo de vadia idiota escreve isso para uma pessoa que ela nem mesmo conhece?". A escola tinha indicado a Caesar três livros e pedido que escrevesse resenhas durante o verão, e ele ainda não tinha escrito nenhuma. Eu sabia que ele tinha um exemplar de *O chamado selvagem* e sabia que ele adorava a história. Então pedi que escrevesse um resumo sobre o livro. Ele reclamou: "Ah, cara...", mas trabalhou com afinco por quase uma hora. Quando terminou, li o resumo e apontei os erros e os trechos que precisavam ficar mais claros ou específicos. Ele demorou pelo menos meia hora revisando o texto. E mostrou o resultado orgulhosamente, com razão — estava excelente. Poucas semanas depois, soube que ele nunca tinha entregado a resenha.

Conversei com Natalia depois da visita de Caesar; ela perguntou como tinha sido. Eu disse que estava irritada por ele não ter entregado a lição de casa. Houve um breve silêncio do outro lado da linha e então ela disse: "Eu também ficaria irritada", mas num tom de voz que traía um leve sorriso. Na verdade, cabiam nesse sorriso outros dois — um de sarcasmo e um de alívio, porque ela, uma adolescente, podia zombar da resposta careta de um adulto. Mas também é possível que estivesse simplesmente feliz de jogar em meu time, considerando os segundos que demorou para dizer aquela frase; havia um bom tempo a gente não jogava no mesmo time.

Dois anos antes, ela tinha sido retirada de casa e enviada a uma espécie de comunidade; era tida como muito rebelde para um lar adotivo. No ano anterior, tínhamos conseguido enviá-la ao acampamento que ela adorava, com a esperança de que funcionaria melhor, agora que não morava mais com a mãe. No começo, parecia que sim. Os instrutores ficaram novamente entusiasmados e mais uma vez ela foi aceita no Teen Leadership Program. Alguns meses depois, Natalia estragou tudo. Começou a faltar na escola e ficar na rua. Todo fim de semana ficava com a mãe, apesar de brigarem violentamente.

Por fim, a mãe disse a Natalia que se ela se comportasse direito por três meses, parasse de violar as regras de recolhimento domiciliar e frequentasse a escola, poderia voltar para casa. Natalia cumpriu tudo. A audiência no tribunal foi marcada. Deveria ser tranquila. O juiz cumpriu a formalidade e perguntou à mãe de Natalia se ela autorizaria o retorno da filha para casa. E a mãe caiu na risada. Riu e disse o seguinte: "Eu nunca ia deixar essa garota morar comigo de novo". A assistente social disse que Natalia berrou como um bicho e teve que ser contida pelos guardas do tribunal. Contou que Caesar, também presente, tinha caído na risada junto com a mãe. Disse ainda que nunca tinha visto qualquer coisa parecida com aquilo.

A assistente social repetiu para mim o conselho que deu a Natalia na ocasião: precisava "aceitar que a mãe era desse jeito e que nunca iria mudar". Que experiência terrível para uma jovem. Se, de fato, Natalia teve que assimilar um conhecimento tão profundo com apenas quinze anos — e suspeito que tenha sido ainda antes —, como é possível que a prática mais refinada da leitura, da escrita e da matemática deixasse de parecer algo trivial para ela? Qual o impacto que sofrerá por aceitar uma mulher que a maltrata? Ela agora tem dezesseis anos e finalmente está prestes a ser transferida para um lar adotivo. Ainda precisa ficar com a mãe nos fins de semana, exceto aqueles em que estiver conosco. Continuará a voltar para a casa de sua mãe mais uma vez e mais outra. Meu palpite é que de algum jeito ela seguirá fazendo isso muito depois que sua mãe morrer.

Que idiotice pensar que poderia quebrar esse padrão quando não consigo quebrar nem os meus. Não posso dizer de improviso quantas vezes, durante as décadas anteriores a meu casamento, pedi ou exigi algum tipo de relacionamento com alguém que fechou a porta na minha cara, então a abriu de novo e espiou para fora. Eu bateria — metaforicamente — na porta e seguiria a pessoa através de aposentos intermináveis. Às vezes a porta abria e eu me apaixonava — antes de perder completamente o interesse. Eu achava então que meus sentimentos eram falsos e que tinham sido assim o tempo todo, mas o sofrimento por ter rejeitado uma pessoa ou ser rejeitada por ela era real e profundo. Não ajudava em nada saber que eu era tão culpada pelo resultado quanto as pessoas que eu perseguia; e que, frequentemente, eu representava o "papel do perdedor" de modo tão agressivo, que quase nunca oferecia ao outro lado muitas opções de resposta.

Quando falo de meu relacionamento com as crianças e do quanto é frustrante, algumas pessoas dizem que pelo menos estou mostrando a elas um outro caminho. Será? Muito mais importante do que encorajá-las, as palavras ideais são a minha experiência da porta fechada e da insistência desesperada para que seja aberta — ausência emocional, seguida por uma reação compulsiva que se transforma em sua própria forma de ausência. Mesmo que não identifiquem, tenho certeza de que as crianças sentem isso.

Também estou segura de que percebem a verdade, uma coisa viva que está presa de alguma forma no interior do jogo falso — se de fato a palavra *jogo* é correta para o que descrevi. Um jogo é alguma coisa consciente, com objetivos e regras claras com as quais todos concordam. O que experimentei com muita frequência, internamente ou com outros, foi uma visão borrada, semiconsciente e rápida do real e do falso, da leveza e da angústia, do afeto ardente e de sua falta absoluta. Mais do que um jogo, foi como se tivesse tropeçado, sozinha ou acompanhada, num labirinto de impulsos conflitantes e padrões complexos e sobrepostos, tentando descobrir uma forma de encontrar ou evitar o encontro — as duas coisas ao mesmo tempo. A despeito de tudo, algumas vezes realmente encontrei pessoas e as amei. Conheci meu marido desse jeito quase que por acidente. E algumas vezes, dez anos mais tarde, descobrimos que estávamos perambulando sozinhos e afastados um do outro.

E então levo as crianças ao cinema e ao teatro; envio livros aos dois, escuto e converso com ambos, acompanho a lição de casa e algumas vezes até ajudo a fazê-la. Dediquei um livro a Natalia e mandei-lhe um exemplar para que pudesse ver seu nome ali escrito. Não acho que algum dia saberei como tudo isso irá afetá-la ou a Caesar, se para o bem ou para o mal. Ajo quase às cegas e na esperança de que seja predominantemente para o bem.

Meu pai também teve essa experiência.

Quando eu tinha cerca de quarenta anos, meu pai telefonou para dizer que tinha encontrado uma pintura que fiz aos sete anos, e que era prova de "um verdadeiro talento". Ele contou que planejava emoldurar a pintura e então a perdeu; procurou por toda parte como um louco. Então lembrou-se de que podia estar com algumas revistas que ele levara para uma coleta seletiva — correu para lá e remexeu um lixo grudento e cheio de abelhas durante uma hora pelo menos. Não achou a pintura. Mas após um mês a encontrou sob uma pilha de papéis. Ficou feliz e aliviado e queria que eu soubesse disso. Não me lembro como reagi. Me lembro que o tom de suas palavras era igual ao de outras ocasiões em que ligou para comunicar que ia se matar, ou para me convencer a pedir a mamãe que voltasse para ele, ou para dizer que ter filhos tinha sido a sua ruína, ou para se enfurecer com o barulho na casa do vizinho.

O mito da família é que nosso pai era maluco, compulsivo e obcecado com coisas como ofertas de papel higiênico e cupons de desconto. E era mesmo. Era difícil sentir a emoção em suas conversas porque sua voz e as palavras que usava eram habitualmente agitadas, obcecadas, tão rígidas que o sentimento se perdia.

Depois que ele morreu encontrei a pintura. Estava na parede; devo tê-la visto mais cedo, quando vim em visita, mas não reparei. Meus sentimentos tinham se tornado tão perdidos quanto os dele. Sentei-me com a pintura nas mãos e chorei.

No final da última visita de Caesar, levamos o menino de volta para a cidade em nosso carro. Quando imaginei que estivesse dormindo no banco de trás, tive uma conversa com Peter sobre o amor, como pode ser tão pervertido e cruel, de um lado, e tão cegamente funcional e biológico, do outro. Irreverente, eu disse: "Talvez nem mesmo exista". Assim que falei, um animal de pelúcia bateu em minha cabeça e caiu no meu colo; era a vaquinha sorridente que Caesar ganhara para mim na feira do condado no dia anterior. "Como é que você chama isso?", perguntou. Dei uma risada e agradeci a ele.

Amor enquanto um brinquedo barato de pelúcia batendo na cabeça da gente — eis uma metáfora brilhante e verdadeira. Mas a metáfora para o amor que sinto de forma mais profunda é a de um pequeno animal faminto e perdido que tenta encontrar, no meio do frio, o caminho de volta para casa. Não é a mais verdadeira. Mas é a que mais sinto.

No entanto, talvez seja errado colocar o peso dessa metáfora em algo tão pequeno e leve quanto um gatinho. Talvez fosse errado assediar meu pai pela casa gritando por um "relacionamento verdadeiro"; talvez seja ainda pior continuar analisando e questionando como era a sua experiência e o que significava, ainda por cima em público. Era certamente errado usar as pessoas para encenar de forma repetida esse drama, estivessem ou não dispostas a participar, independente de eu estar sabendo ou não o que fazia. Pode ser errado imaginar que perdi Caesar e Natalia porque eles não estão fazendo o que quero que façam. É possível também que, se ambos quisessem ferir a si próprios fracassando e rejeitando deliberadamente muito do que posso dar a eles, eu *deveria* perdê-los; não tenho certeza.

Uma vez li uma história de Tchékhov que descrevia um personagem secundário "tentando extrair da vida mais do que esta pode dar"; talvez tenha me transformado nesse personagem, incapaz de aceitar o que me foi dado, sempre tentando destruir as coisas visando encontrar o que é "real", mesmo não sabendo o que é "real", incapaz de manter o respeito e a dignidade de não fazer muitas perguntas ou mesmo olhar muito de perto os trabalhos do coração, que, não importa o quanto se olhe, nunca pode ser totalmente visto ou compreendido.

Me senti mal com esse pensamento e me censurei. Mas então acredito que a vida pode nos dar muita coisa. Se você não consegue enxergar dentro do coração não importa o quanto esteja olhando, então por que não olhar? Por que não olhar o máximo que você puder? Como isso seria desrespeitoso? Se você vai olhar uma única vez, não deveria olhar da maneira mais intensa possível? Um gato desaparecido não perguntaria a si mesmo se era demais esperar por comida e abrigo, não tentaria compreender o quanto de comida e abrigo era suficiente ou ainda quem era a pessoa certa para lhe fornecer essas coisas. Simplesmente continuaria buscando comida e abrigo até a hora de sua morte.

Durante a época em que começava a perder a esperança de encontrar Gattino, viajei a Montana para participar de uma sessão de leitura numa universidade. Meu quarto de hotel dava para um rio e um dia, enquanto olhava através da janela, vi algumas pessoas passeando com um cachorro na margem do rio. O cachorro ficou empolgado e seu dono o soltou da coleira. Ele correu e deu um pulo extravagante na água, as patas abertas em êxtase. Sorri e pensei em Gattino; dessa vez a lembrança foi reconfortante, não triste.

Mesmo que esteja morto — imaginei —, ele está presente naquele salto aberto e em êxtase.

Essa ideia era sem dúvida uma ilusão, uma forma de me decepcionar. Mas o cachorro não. O cachorro era real. E assim também o Gattino.

© Mary Gaitskill, 2009, 2020. Todos os direitos reservados.

Todos os direitos desta edição reservados à Todavia.

Grafia atualizada segundo o Acordo Ortográfico da Língua Portuguesa de 1990, que entrou em vigor no Brasil em 2009.

capa e ilustração de capa
Veridiana Scarpelli
preparação
Livia Deorsola
revisão
Ana Alvares
Karina Okamoto

Dados Internacionais de Catalogação na Publicação (CIP)

Gaitskill, Mary (1954-)
O gato perdido : Uma memória / Mary Gaitskill ;
tradução Izalco Sardenberg. — 1. ed. — São Paulo :
Todavia, 2022.

Título original: Lost cat : A Memoir
ISBN 978-65-5692-326-0

1. Literatura americana. 2. Romance. 3. Ficção
contemporânea. 4. Luto. I. Sardenberg, Izalco. II. Título.

CDD 813

Índice para catálogo sistemático:
1. Literatura americana : Romance 813

Bruna Heller — Bibliotecária — CRB 10/2348

todavia
Rua Luís Anhaia, 44
05433.020 São Paulo SP
T. 55 11. 3094 0500
www.todavialivros.com.br

fonte
Register*
papel
Munken print cream
80 g/m²
impressão
Geográfica